PADLANGS

Finachlie Diederiks

Malherbe Uitgewers Publikasie

Outeur: Finachlie Diederiks
Voorbladontwerp: Felicia Booysen
Geset in Franklin Gothic Book 12pt

ISBN: 978-1-991455-84-0
Alle regte voorbehou
Kopiereg ©Finachlie Diederiks
Eerste Uitgawe 2025

Voorwoord

Padlangs is 'n deurleefde digbundel wat die leser op 'n reis van selfontdekking, verlange, geloof en groei neem. Die gedigte is deurdrenk met nostalgie, eerlike emosies en 'n diep verbondenheid aan plekke en mense.

Die digter gebruik beeldryke taal om temas soos verlies, liefde, drome en innerlike genesing vas te vang. Daar is 'n tasbare verlange na geliefdes en 'n soeke na sin in die lewe, verweef met geestelike refleksie en die besef van menslike broosheid. Die bundel bevat 'n balans tussen rou emosie en hoop, met treffende beelde van die natuur en die alledaagse lewe.

Hierdie is 'n bundel wat resoneer met enigiemand wat al die pyn van verlies, die vreugde van liefde en die krag van geloof ervaar het.

Dit is diep persoonlik, maar tog universeel in sy emosionele impak. Padlangs is 'n pragtige versameling wat die hart raak en lank in die gedagtes bly voortleef.

Gedigte

Padlangs 1

Bêre jou storie 2

Motreën 3

My kinderdae 4

My drome 5

Papiergedagtes 6

Bloeisels 7

Bloeisels dans 8

Droomdood 9

Ingekleur 10

Smeekgebed 11

My hart 12

Die laaste trein 13

Wegkruipertjie 14

Saans 15

Dryfsand 16

Ek het jou lief 17

Kaalvoet 18

Soektog na myself 19

Êrens 20

Dorre woestyn 21

Rooier, mooier 22

Eie verhaal 23

Blommetuin 24

Winde van verandering 25

Winter is hier 26

In vuur en vlam 27

Liefdes-kryt 28

Blou branders 29

Geel 30

Totsiens 31

Die eie ek 32

Skatryk 33

Lei my 34

Monsters 35

Jy 36

Vrese 37

Mosterdsaadgeloof 38

Een-klip-geloof 39

Seëninge 40

Tyd 41

My hart kloof 42

Stille omwenteling 43

Herinneringe 44

Die kind in my 45

Brandarm 46

iii

Tragedie 47

Hiernamaals 48

Pleit 49

Jakaranda-spore 50

Jou skaduwee 51

Verslete 52

Kwesbaarheid 53

retories 54

Berg van Ararat 55

Genesing van self 56

Padkaarte 57

Lagplooie 58

Tevrede 59

Buiteblad 60

Stralekrans 61

Geesvervuld 62

Seisoenale skoonmaak 63

Padlangs 64

Padlangs

Die son brand koorsig in my gedagtes,
soos ek die grondpad aandurf
wat na jou toe lei.

Verwelkomend, gaan lê die rooi Kalahari-stof
op my roekelose hart
en ek twyfel oombliklik...

Tot ek jou daar sien wag,
aan die anderkant van die doringdraad.

Toe weet ek:
Ek wil geensins
my hart afstof nie,
want dié plek sal altyd deel wees van my,
nes jy!

Bêre jou storie

Bêre jou storie in my tas
vir veilige bewaring
tot jy jouself weer vind
en jy kans sien om te verander aan wie jy was,
want die storie is joune
en die slot,
is jý.

Motreën

In Tsitsikamma se motreën vind ek jou,
in die reuk van Old Spice.
Herinneringe van vervloë dae deurdring my
sintuie ...
Meteens is my hart by jou...
My hart is in die Kaap.

My kinderdae

My kinderdae was sinoniem met
somervreugde,
vakansies in Eersterivier en Stormsrivier.
roomys en die son se strale,
strelend op my vel.

My kinderdae was Knysna,
Jeffreys en Kareedouw
varings, mos
en betowerende Fynbos.

My drome

My drome het losgebreek
en die wêreld ingevaar...
My wêreld, sélfs sonder jou,
is nou Droomgroot.

Papiergedagtes

Ek dink en skryf
en dink en skryf dan weer
tot papiergedagtes
uiteindelik
in skoenlappers
metamorfoseer.

Bloeisels

Bloeisels
omring my hart
en blom na binne
dis intern, ewig Lente.

Bloeisels dans

Bloeisels dans en omhels meteens my hart
my siel in volle blom.

Droomdood

Droomdood was die diagnose
en die voorskrif was jý
en die liefhê van jou.

Ingekleur

My hart is ingekleur in herfs
skakerings van die aarde
O kunstenaar, my God.

Smeekgebed

Ek stuur 'n smeekgebed
saam met die herfswind na bo,
my pleidooi vir genesing.

My hart

My hart vlieg Suid
Soos per voorskrif lui:
Bewaar dit te alle tye.

Die laaste trein

Jy was die laaste trein huis toe
en ek het my one-way ticket verpas.
Stilletjies het my happiness spoorloos verdwyn...
My happiness was jy,
my laaste trein huis toe.

Wegkruipertjie

My hart
speel wegkruipertjie
tot jy ophou tel,
ek asem ophou,
en jy luidkeels verkondig:
"Gereed of nie, hier kom ek!"

Saans

Ek draai jou saans toe,
snoesig, veilig omvou in
my gebedskombers.

Dryfsand

"Go with the flow"
moedig die mensdom jou aan.
Lê op jou rug, dryf,
wag dit uit...
Kyk Noord en voeter voort,
want hoe meer jy spartel,
hoe minder kry jy reg...
Hoe meer weerstand jy bied,
hoe harder moet jy veg.

Ek het jou lief

Ek het jou lief
régtig lief.
Nie sommer net omdat sê, sê is nie.
Ek bedoel dit.
Die gedeelte van my wat jy is, sal altyd diep
gewortel bly in my hart en siel.
Want ek het jou régtig lief, my lief.

Kaalvoet

Ek belowe jou
dat ek kaalvoet
deur jou hart sal loop
tree vir tree
in verwondering

Soektog na myself

In die soektog na myself
    het ek gedeeltes van jou gevind,
        ingeweef in my menswees soos stukkies
goud
        wat wag om ontgin te word.

Êrens

Êrens
tussen my hart
en my mond
verdwaal my liefde vir jou...

Dorre woestyn

My hart was 'n dorre woestyn
tot jy gekom het
met jou gieter-liefde
en die grond kom vrugbaar-sag maak het.

Rooier, mooier

My hart is 'n bloedrooi geverfde deur
wat op 'n voorstoep pronk,
verwelkomend,
passievol,
eg...

Eie verhaal

In elkeen van ons is daar 'n storie opgesluit
wat brand om vertel te word.

Kom ons wees ek-vertellers
in ons
eie verhaal.

Kom ons droom in kleur
en staan terug
om die meesterstuk te aanskou.

Blommetuin

Aan die anderkant van my borskas,
    wil ek 'n blommetuin gaan plant,
    daar waar die son altyd helder skyn.
      Ek wil net mense met groen vingers daar
toelaat,
        wat my hart sal laat blom,
          en nie die vreugde sal laat verdwyn.

Winde van verandering

Soms stuur die Here
'n stormwind
sodat ons van die ou, droë takke
kan ontslae raak.

Wat ons nie besef nie,
is dat ons soms ons eie groei belemmer,
en wat ons nie sien nie, is dat ons, ons eie bloeisels
verhoed,
want as die droë takke
grond toe val
word daar uiteindelik plek gemaak vir vernuwing.

Winter is hier

Winter is hier, Hy het gekom,
  uit sy beurt opgedaag
    en homself as 'n tydelike kouefront vermom.
    Winter is hier,
    Hy het ingekruip tot in my hart, nou as 'n
konstante,
  homself tuis gemaak asof hy nog altyd deel was
van my.

In vuur en vlam

Daar's vuur wat diep hier binne my woed,
    'n brandende begeerte.
Aansteeklik- hierdie ongetemde vuurgloed.
    Op kole van konformiteit
    dans ek: on-rit-mies, onkonvensioneel,
    straal ek warmte uit.

Liefdes-kryt

Ek sal vyftig rondtes saam
jou in hierdie
Liefdes-kryt gaan,
want jy
is elke uitklophou
die moeite werd.

Blou branders

Blou branders breek,
bib'rend die kou
blou branders spoel weg
die verlange na jou...

Geel

My siel is in geel gedompel
    geelliefde,
        geelvreugde
            en geelgenade.
Die gawes van God.
my hart se kompas.

Totsiens

Al hou ons tyd hier op aarde nie 'n ewigheid,
hou ons vas aan die wete
dat die dood nie finaal is nie,
maar bloot 'n gedeelte
van ons Aardse stryd.

Wanneer 'n geliefde se heengaan
'n waarheid word en ons wéét
hy sit aan Godsvoet,
word ons harte se smartsang stil.

Want ons besef
dis nie totsiens,
maar eerder: "Tot ons sweer ontmoet."

Die eie ek

Die
Eie-ek
moet
gekruisig
word
soos op Golgota met geen verdowing,
ten volle bewus van die pyn want net
deur die dood is verlossing moontlik

alleenlik
in en
by God
want net as
ons minder
word
kan God
meer word
sodat
opstanding
moontlik
is in
God

Skatryk

Maak jou skatte
in die Hemel bymekaar,
want wie tevrede is met sy aardse-pondok
sal die Ewigheid ingaan,
tuis, in die Koninkryk
van God

Lei my

Here,
lei my
verby die punt waar my eie kragte stop.
Neem my uit op die lewenswater sodat ek
my sieledors kan les.

Neem weg my oomblikke van twyfel en vrees,
sodat ek skoongewas myself kan oorgee,
U hand kan neem en met vertroue uit my klein,
nietige boot kan klim.

Want net met 'n geloofstree sal die
stormwaters binne, en dan om, my bedaar
met U stem wat helder weerklank:
"Wees stil en weet ek is jou Heer."

Monsters

Die mees vreesaanjaende monsters is nie
in die kas of onder die bed nie,
hulle kruip weg
diep
binne
mense...

Jy

Jy, met jou pieringoë
en onskuldige glimlag,
het pens en pootjies
in my hart ingeklim.

Vrese

U het die
Rooisee verdeel
sodat ek daardeur kan stap
en my vrese kan laat verdrink
en vashou aan U belofte
van die Beloofde Land.

Mosterdsaadgeloof

Mag ons met mosterdsaadgeloof
   die wêreld aanpak
      sodat ons die berge om,
         en selfs binne, ons kan verskuif
            en deur God se genade
               salig onder Matteus
                  se Mosterdsaadboom
lafenis vind.

Een-klip-geloof

Mag ons met een-klip-geloof
die wêreld aanpak
sodat ons die reuse om,
en binne ons,
deur God se krag verslaan
en triomfantlik soos Dawid
van die oorlogsveld
kan afstap,
want ons het opgedaag met die dodelikste wapen,
nes Dawid:
In die naam van God, die almagtige.

Seëninge

Stort U seëninge uit oor my
wanneer ek telkemale op my knieë bely
dat ek, sondaar, nie op my eie krag kan steun
en sodoende U, my Lewensbrood, se hand moet
neem
met my hande saamgevou
pleit ek Heer, tree in, red my nou.

Tyd

Wat vrees ek en jy ?
Dat tyd te vinnig uitloop en niks staande bly
dat mense net herinneringe word
en ewig totsiens...
nóóit makliker.

My hart kloof

My hart kloof
soos ek probeer
sin maak,
probeer antwoorde kry
op al my hoekoms.
Die waaroms
eggo
in my kop
en die verlies
weergalm
teen die
rotskranse
van
my
siel.

Stille omwenteling

Ek wil hê dat die aarde
moet gaan stilstaan in sy wentelbaan,
en ook nie meer
om sy eie as draai nie,
die maan geensins die oseane
se getye bepaal nie,
die Melkweg verdof...

Ek pleit dat tyd sal stilstaan
saam met my
soos die dag toe jy
(mý hele wêreld)
weggeruk is
en my lewe
onomkeerbaar
tot stilstand
gekom het.

Herinneringe

Herinneringe
sypel deur my are
en vind die pad
na my borskas
om my hart in te graaf.

Die kind in my

Ek het die kind in my onderdruk
haar gedwing om stil te bly,
haar gewys om terug te trek
en konflik te vermy,
om sinies die wêreld te bekyk
sodat sy (op die oog af)
soos 'n régte grootmens lyk.

Brandarm

Daar is niks so sleg
soos siels-armoede nie,
'n gebrek aan vergewensgesindheid
gebrek aan empatie
gebrek aan opregte liefde
gebrek aan dít
waarop 'n prys nie
geplaas kan word nie
Ja, baie mense
is inderdaad
brandarm.

Tragedie

Wanneer 'n kind sterf
staan die oorlosiewysers stil,
word ons lewens   tot   stilstand   geruk
ween ons saam
sluk ons swaar
aan die realiteit
dat niks ooit weer dieselfde
sal wees nie
dat onbeantwoorde vrae
die oorhand kry
en Verlies
Homself tuismaak
om die leemte in ons
borskas te vul
en onregverdigheid
ons stom laat
tragedie homself uitdruk
in traan.

Hiernamaals

As die huis
waarin jy eendag
in die Hiernamaals bly
bepaal word
deur jou geestelike-rykdom
hier op aarde,
Sal jy woon in 'n
pondok of 'n paleis.?

Pleit

Ek pleit
dat die tyd stadiger verloop
sodat ek vir 'n oomblik kan stilstaan,
God se skepping kan bewonder
my geliefdes kan herontmoet,
Myself, God
weer kan vind
in die gejaag
na dít wat alléénlik
oorlewing moontlik maak,
maar nie innerlike
florering nie.

Jakaranda-spore

Pers reën roep jou terug na my gedagtes
en kleurryke herinneringe
stort neer
in poele van
verlange...

Pers voetpaadjies
in my hart
lei my terug na dáár waar jy is:
Duidelik ingegraveer
in die stam
van my hart.

Jou skaduwee

Dis jou skaduwee
   wat steeds aan my klou
      langsamerhand die besef:
         Jy bly stééds die
            die kruks van my rou...

Verslete

My hart is vuisvoos baklei
knieë nerf-af gepleit
my siel bakhand
my menswees lydend
op soek na afdraaipaadjies na geluk...

Kwesbaarheid

Daar is
'n naakte kwesbaarheid
tussen die êrens
en die nêrens
waar gebroke siele
mekaar vind

retories

hoe dra 'n mens se hart
die ondraagbare
hoe verstaan 'n mens se kop
die onverstaanbare
hoe maak 'm mens sin uit die
onverklaarbare
onregverdigheid
wat Hom
onverwags
ongenooid
tuismaak

in jou

lewensverhaal

Berg van Ararat

Jy is die ark
wat die stormwaters
in my lewe kom red het,
my vaste grond
    jy het plek gemaak vir my
    en al was daar geen belofte
    van 'n reënboog nie
    het jy
        my verwelkom
        my versorg
        tot die dag aangebreek het,
        die vrede-duif sy verskyning gemaak
        het
die olyftakkie ons bemoedig het
om kennis te maak met die wêreld daarbuite...
    'n perfekte paar
    gereed
    gered
    geopenbaar

Genesing van self

Met verdraagsame vingers
streel ek sagkens
oor die letsels van my siel
Met elke oorwinning waaroor my
vingerpunte vloei
leer ek elke dag
hoe om nader te tiptoon
aan volkome liefde vir myself

Padkaarte

Ons harte is soos padkaarte
party mense neem 'n eenrigtingreis daardeur
en ander, neem meer as een retoerrit.
Dis dié mense wat altyd in jou menswees
ingeweef sal bly,
'n noue netwerk van paaie wat áltyd
na Rome lei.

Lagplooie

In jou lagplooie
sien ek 'n volle lewe
'n lewe van gee
en ontvang
in lag-lyntjies sien ek
die nalatenskap van mense
op jou lewensreis
van lief en leed
en drome,
nog lánk nie vergeet

Tevrede

Daar is werklik
géén groter vrede
as tevredenheid nie...

Buiteblad

Moenie dat my boek se buiteblad
jou mislei nie
lees die inhoud,
dan sal jy besef:
Arms van God se genade
omhels my in hardeband

Stralekrans

Vir jou wil ek net voor skemer
die laaste sonstraal vang
sodat jy dit
in jou borskas kan bêre,
deur elke donker wolk kan skyn
en onthou:
Jóú lig
kom van binne

Geesvervuld

God se gawes
    genade, goedheid en guns
        is aan my geopenbaar
            O, die grootheid
        van God
is vir my genoeg.

Seisoenale skoonmaak

Gaan na die binnehoeke
van jou siel
daar waar die besem
nie altyd bykom nie
vee uit, stof af
en raak ontslae
van die dinge
wat jou vervuil
mag haat, woede en teleurstelling
wit olifante word
op die rake van jou hart
en jy uiteindelik vind
waarna jy opsoek is

Padlangs

My hart gooi duim
en hoop dat iemand
Haar sal oplaai
sodat sy heel
haar eindbestemming
kan bereik.

www.ingramcontent.com/pod-product-compliance
Lightning Source LLC
Chambersburg PA
CBHW060425050426
42449CB00009B/2139